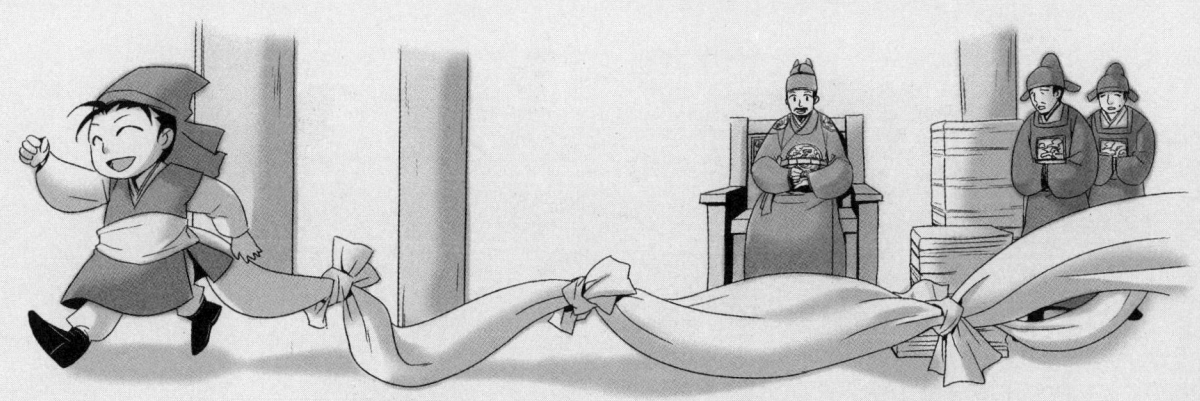

태권어린이 智

인성 기르기

이학박사 이재수(고려대 스포츠과학연구소 연구교수) 감수
고려대학교 태권도 최고위과정 연구위원, 서현사 편집부 엮음

서현사

이 책은 ＿＿＿＿＿＿＿＿＿＿ 의 책입니다.

200 년   월   일

＿＿＿＿＿＿＿＿＿＿ 에서 구입

나(저)는 ＿＿＿＿＿＿＿ 태권도장 태권어린이입니다.

관장님의 존함은 ＿＿＿＿＿＿＿ 관장님입니다.

사범님의 존함은 ＿＿＿＿＿＿＿ 사범님입니다.

관훈

관원선서

지도관

한 손에는 따뜻한 사랑이
또 한 손에는 엄격함으로

추천사

이재수

태권도는 교육입니다.

이 책은 태권도를 단순히 자기 몸을 지키기 위한 호신술 정도로 배우는 것이 아니라, 태권도를 통해서 건전한 정신과 행동으로 인내하며 노력하는 자세를 배우고 학문을 하는 데 디딤돌이 되었으면 하는 바람으로 엮은 것입니다.

건전한 정신은 건전한 신체에서 나온다는 말과 같이 장차 이 나라의 기둥이 될 어린이들은 먼저 건전한 몸과 건전한 생각을 가져야 합니다.

어린이들이 태권도의 올바른 정신을 익히지 못하고 단지 주먹과 발차기 기술에만 매달린다면, 자신의 능력을 잘못 사용할 수도 있습니다. 태권어린이는 바른 생각을 바탕으로 지혜로운 어린이가 되어 미래에 튼튼한 인재로서 성장해야 합니다.

태권도 기본 동작을 하나씩 하나씩 익히면서 생각하고, 같은 동작을 반복하는 노력을 통하여 훌륭한 태권어린이로 거듭날 수 있습니다.

태권어린이들이 체육관에서 배운 노력과 예절 등을 가정과 학교에서 그대로 실천하여 다른 이들의 모범이 될 뿐 아니라, 한 걸음 더 나아가 늘 배우고 생각하며 노력하는 자세를 가졌으면 좋겠습니다. 또한 몸과 마음을 조화롭게 발달시켜서 윤택하고 행복한 삶을 누리며 살아갈 수 있는 지혜로운 사람이 될 수 있기를 바랍니다.

2008년 4월

고려대학교 태권도지도경영 최고위과정 겸
고려대학교 스포츠과학연구소 연구교수 / 이학박사　이재수

추천사

최윤희

태권도는 어려서부터 익힐 수 있는 무예입니다.
태권도를 익힘으로써 만들어진 튼튼한 몸과 정신은 우리 삶을 풍요롭게 해 주며 무엇이든 하고자 하는 의욕을 가지게 합니다.

태권도 정신을 습득하고 열심히 수련하여 신체를 단련시켜 나가는 태권어린이라야 우리 미래 사회에 꼭 필요한 사람으로 성장할 수 있을 것입니다.

이러한 태권도를 익히기 위해서는 영양가 있는 음식을 골고루 먹는 것이 중요합니다.
부모님은 우리 어린이들에게 몸에 좋은 음식을 많이 만들어 주십니다.
그러나 자신에게 익숙하고 입에 맞는 음식만 골라 먹는다면 우리 몸은 균형 있게 자랄 수 없으며, 당연히 튼튼한 몸이 될 수 없습니다.
진정한 태권어린이는 우리 몸에 필요한 영양소를 골고루 섭취하며 편식하지 않는 어린이입니다.

언제나 자기 스스로 건강에 관심을 기울이며 열심히 운동하고, 균형 있는 식사와 올바른 습관을 통해 튼튼한 어린이로 성장하기를 바랍니다.

2008년 4월

고려대학교 간호대학 교우회장 겸
고려대학교 연구교수 / 이학박사 　최윤희

차 례

- 자기 소개 … 7
- 부모은중경 … 8
- 나의 마음 자세 … 9
- 권학문주자훈 … 10
- 구용과 구사 … 11
- 태권도 … 17
- 슬기로운(지혜로운) 어린이 … 22
  서경덕
- 지혜로운 사람 … 29
  사마광 · 강석기 · 김시습
- 노 력 … 38
  한석봉 · 이태백 · 최치원
- 되고 싶고 닮고 싶은 위인 … 45
  세종 대왕 … 45
  권 율 장군 … 49
- 나의 기행문 … 52
  부록 1 부모님께 편지쓰기
  부록 2 나의 마음 자세
  부록 3 공부할 계획표
  부록 4 하루의 계획

자기 소개

저를 소개하겠습니다.

저는 _____ 입니다.

저는 _____ 초등학교 _____ 학년 _____ 반이며,

_____ 체육관에서 수련하고 있습니다.

취미는 _____ 이고,

특기는 _____ 입니다.

저의 장래 희망은 _____ 이고,

부모님께서 바라시는 장래 희망은

_____ 입니다.

부모은중경(父母恩重經)

- 첫째, 우리를 잉태하여 지키고 보호해 주신 은혜요.
- 둘째, 우리를 낳으실 때 고통을 이기신 은혜요.
- 셋째, 우리를 낳고서 모든 근심을 잊으신 은혜요.
- 넷째, 쓴 것은 삼키고 단것은 뱉어 먹이시는 은혜요.
- 다섯째, 진자리 마른자리 갈아 누이신 은혜요.
- 여섯째, 젖을 먹여 길러 주신 은혜요.
- 일곱째, 손발이 닳도록 깨끗하게 씻어 주시는 은혜요.
- 여덟째, 우리가 먼길을 나섰을 때 걱정하시는 은혜요.
- 아홉째, 우리를 위해서 궂은일도 마다하지 않으시는 은혜요.
- 열째, 우리를 끝까지 사랑하고 가엾이 여기시는 은혜이다.

♣ 나를 낳아서 지금까지 길러 주시는 부모님의 은혜를 생각하면서, 윗글을 날마다 읽으며 그에 따른 느낌을 가슴에 새기고 글로 나타내 보세요.

♣ 부록 1(53쪽) 부모님께 편지쓰기에 편지를 써 봅시다.

나의 마음 자세

비록 집이 가난하더라도 그로 인해 배우는 것을 버리지 말 것이요,

만약에 집이 부유하더라도 그것을 믿고 학문을 게을리해서는 안 된다.

비록 가난하더라도 부지런히 배우면 몸을 세울 수 있을 것이요,

부유하다는 데 매이지 않고 부지런히 배우면 이름이 더욱 빛날 것이니라.

오직 배운 사람만이 훌륭해지는 것을 보았으며, 배운 사람으로서 성취하지 못하는 것은 보지 못했다.

배움이란 곧 보배요, 배운 사람이 곧 세상의 보배다.

그러므로 배우면 군자가 되고 배우지 않으면 천한 소인이 될 것이니 늦게 배움에 드는 사람은 마땅히 힘써야 하느니라.

♣ 윗글을 날마다 읽으며 그에 따른 느낌을 가슴에 새기고 글로 나타내 보세요.

♣ 부록 2(55쪽) 나의 마음 자세에, 자신의 마음가짐에 대해 써 봅시다.

권학문주자훈(勸學文朱子訓)

勿謂今日不學而有來日 (물위금일불학이유내일)
오늘 배우지 않아도 내일이 있다고 말하지 말며

勿謂今年不學而有來年 (물위금년불학이유내년)
금년에 배우지 않아도 내년이 있다고 말하지 말라.

日月逝矣歲不我延 (일월서의세불아연)
날과 달은 가고 세월은 나를 기다려 주지 않으니

嗚呼老矣是誰之愆 (오호노의시수지건)
슬프다, 늙어서 후회한들 이것이 누구의 허물이겠는가.

少年易老學難成 (소년이노학난성)
소년은 늙기 쉽고, 학문은 이루기 어려우니

一寸光陰不可輕 (일촌광음불가경)
짧은 시간이라도 가볍게 여기지 말아라.

未覺池塘春草夢 (미각지당춘초몽)
연못가의 봄풀은 미처 꿈을 깨지 못했건만

階前梧葉已秋聲 (계전오엽이추성)
뜰 앞 오동잎은 이미 가을 소리를 전한다.

♣ 공부할 계획을 써 보세요.
♣ 부록 3(57쪽) 공부할 계획표에, 해야 할 일과 하고 싶은 일을 적어 봅시다.

구용(九容)과 구사(九思)

예절은 말과 행동으로, 말과 행동은 생각하는 대로 나타납니다. 생각은 곧 예절의 뿌리이며 원천입니다. 구용(九容)과 구사(九思)는 사람이 제 구실을 하기 위해 마땅히 지녀야 할 '아홉 가지 바른 몸가짐'과 '아홉 가지 바른 생각'을 가리키는 말입니다. 『논어』에 나오는 글인데, 『소학』과 『격몽요결』에도 씌어 있습니다. 우리 선조들은 이것을 늘 외우며 생활의 거울로 삼았습니다.

이율곡 선생은 "몸과 마음을 수련하는 데 구용보다 중요한 것이 없고, 학문을 하는 데 구사보다 중요한 것이 없다."고 말씀하셨습니다.

태권어린이라면 날마다 한 번씩 읽고 외워, 자신의 삶에 바른 지혜와 바른 몸가짐이 깃들도록 애써야 할 것입니다.

구용(九容): 아홉 가지 바른 몸가짐

1. 족용중(足容重)

발을 옮겨 걸을 때는 신중해야 한다. 그러나 어른 앞을 지나칠 때와 어른의 말씀에 따라 일을 할 때는 민첩하게 움직여야 한다.

의자에 앉아 공부할 때 다리를 떠는 어린이들이 있습니다. 스스로 고치지 않으면 안 됩니다.

2. 수용공(手容恭)

손을 공연히 움직이지 않으며, 일이 없을 때는 두 손을 모아 공손하게 잡는다.

쓸데없이 손을 만지작거리거나 함부로 휘두르지 않아야 합니다. 별다른 일이 없을 때는 두 손을 모아 공손하게 공수(拱手)합니다. 공수란, 왼손을 오른손 위에 놓고 두 손을 마주 잡아 공경의 뜻을 나타내는 것입니다.

3. 목용단(目容端)

눈은 단정하고 곱게 뜨고서 지긋이 정면을 바라보며, 치뜨거나 곁눈질하지 않는다.

이유 없이 흘겨보거나 짜증스런 눈빛을 하면 다른 사람들에게 불쾌감을 줄 뿐 아니라 자신의 마음까지도 우울해집니다.

4. 구용지(口容止)

입은 조용히 다물고 있어야 한다. 말하지 않을 때는 입을 헤, 벌리거나 어른 앞에서 껌을 씹으면 안 된다.

말할 때와 먹을 때를 빼고는 입을 조용히 다물고 있어야 합니다. 입을 벌린 채로 있는 것은 바람직하지 않은 습관입니다.

5. 성용정(聲容靜)

말소리는 나직하고 조용해야 하며 시끄럽거나 수선스럽게 하지 않는다.

맑은 음성으로 말하며 재채기나 기침 등 잡소리를 내는 것은 좋지 않습니다. 재채기나 기침을 할 때는 입을 가리고 고개를 돌린 채 해야 합니다.

6. 두용직(頭容直)

머리를 곧고 바르게 들어올리고 의젓한 자세를 갖는다.

머리는 바르게, 몸은 꿋꿋하게 하여 한쪽으로 기울어지게 하거나 돌리고 있어서는 안 됩니다.

7. 기용숙(氣容肅)

안색을 평온히 하고 호흡을 조용히 고르게 하여 기상을 엄숙하게 지킨다.

숨소리가 거친 것은 몸이 아플 때입니다. 이유 없이 습관적으로 숨소리를 거칠게 하는 것은 올바르지 않은 버릇입니다.

8. 입용덕(立容德)

서 있는 모습에 덕성이 있어야 한다. 기대거나 삐뚤어진 자세는 천박하게 보인다.

서 있을 때는 바르게, 기대지 않고 점잖은 태도를 가져야 합니다.

구부정하게 서 있는 모습은 자신의 몸에도 좋지 않을 뿐 아니라 남 보기에도 좋지 않습니다.

9. 색용장(色容莊)

얼굴 표정은 늘 명랑하고 씩씩하게 하며 태만한 기색을 드러내서는 안 된다.

밝은 얼굴을 하면 자신의 기분은 물론 남이 봐도 즐겁습니다.

구사(九思): 아홉 가지 바른 생각

1. 시사명(視思明)
눈으로는 밝고 옳게, 사물이나 사람을 바르게 보겠다고 생각한다.
보는 데 있어서 아무것도 가리는 것이 없으며, 보지 못하는 것이 없게 됩니다.

2. 청사총(聽思聰)
귀로는 말의 참뜻을 밝고 분별 있게 듣겠다고 생각한다.
소리를 듣는 데 있어 아무것도 막히는 게 없고, 보면 들리지 않는 소리가 없게 됩니다.

3. 색사온(色思溫)
얼굴 표정을 온화하게 하고 성난 빛이 없도록 해야겠다고 생각한다.
얼굴빛을 평온하게 가져야 하며 섣불리 화를 내거나 사나운 기색을 지어서는 안 됩니다.

4. 모사공(貌思恭)
몸가짐이나 용모를 공손하고 단정하게 해야겠다고 생각한다.
언제나 단정하고 씩씩한 몸가짐을 가져야 합니다.

5. 언사충(言思忠)
말을 할 때는 참되고 정직하며 믿음이 있는 말만 해야겠다고 생각한다.
"말 한 마디로 천 냥 빚을 갚는다."고 했습니다. 마음에 없는 말이나 거짓을 담으면 신뢰할 수 없는 사람이 되고 맙니다.

6. 사사경(事思敬)

모든 일에 조심하고 공경하며 진실을 담아야겠다고 생각한다.
아무리 사소한 일이라도 늘 조심하고 공경하며 진실을 담아 삼가야 합니다.

7. 의사문(疑思問)

의심나는 것이나 모르는 것이 있으면, 반드시 사리에 비추어 따져 보고 아는 이에게 물어서 배워야겠다고 생각한다.
의심나는 것이나 모르는 것과 부딪치면, 남보다 먼저 사물이나 세상일을 깨달은 사람을 찾아가 묻고 배워야 합니다. 심지어는 아랫사람에게 배울 때도 부끄러워하지 않아야 합니다.

8. 분사난(忿思難)

분하고 화나는 일이 있더라도 반드시 사리로 따져서 어려운 지경에 이르지 않게 해야 한다.
분하고 화나는 마음을 자신이 스스로 경계하고, 이치로 타이르며 참아야 합니다.

9. 견득사의(見得思義)

뜻밖의 이익을 보았다면 반드시 의리를 따져서 분명히 하고 의리에 맞은 연후라야 비로소 그 재물을 갖겠다고 생각한다.
뜻밖의 재물을 얻었을 때, 그것이 정당한 것인지, 자신이 얻어도 되는 것인지 버려야 할 것인지를 명확하게 따져 보아야 합니다.

율곡(栗谷) 이이(李珥)의 『격몽요결(擊蒙要訣)』에서

생각해 보기

🔲 권학문주자훈이란?

외워서 써 보세요.

🔲 구용이란?

외워서 써 보세요.

1.	2.	3.
4.	5.	6.
7.	8.	9.

🔲 구사란?

외워서 써 보세요.

1.	2.	3.
4.	5.	6.
7.	8.	9.

▶ 구용과 구사를 날마다 읽고 외우는 것은 태권어린이로서 몸과 마음을 올바르게 갖기 위함입니다.

태권도

태권도는 국기(國技)이며 민족의 혼이요, 겨레의 정신입니다.

국적 있는 교육의 한 단면으로서 유일한 국기를 우리 민족 스스로 키우고 발전시켜 작게는 개인, 크게는 사회와 국가에 봉사하는 도의 경지에 이르도록 해야 합니다.

⊙ 태권도 정신

태권도 정신의 내면적 세계에는 생사고락을 함께하고 희로애락을 나누면서 얻은 공통적인 방식과 정서 속에서 함양된 민족혼이 담겨 있습니다.

우리 고유의 무예인 태권도는 자기 본능에서 발생한 오로지 힘과 기술적인 측면만이 모든 것이 아니라 호랑이처럼 용맹스러워 정의를 위해 생명을 아끼지 아니하며, 책임을 중히 여기는 선비 기질과 작은 미물과도 함께 호흡할 줄 아는 만인 평등 사상을 품고 있으며 인격의 완성을 향하여 부단히 정진하는 데 그 의미가 있습니다.

따라서 우리는 태권도의 내면적 정신 세계에 흐르고 있는 홍익 인간, 평화 정신, 정의를 수호하는 결백 정신 그리고 투철한 책임감 등을 하얀 도복 안에 품고 한민족의 숭고한 정신을 오늘에 되살려서 태권도 정신을 확립·실천함으로써 이를 생활화하고 나아가 조국 발전의 정신적 지주로 승화시켜 조국 번영의 선봉이 되는 긍지 높은 태권도인이 되어야 할 것입니다.

국기원(2007). 『태권도 정신』에서 뽑아 간추림

⊙ 태권도는 행동 철학입니다

태권도란 인간 생존 의식의 육체적인 표현인 동시에 정신적 욕구를 구체화하려는 체육 활동입니다.

모든 동작은 자아 방위 본능을 기본적으로 하여 소극적인 동작에서 적극적인 형태로 발전하고 궁극적으로는 절대적인 행동 단계에 이르는 자아를 극복하고 대아의 경지에 도달하는 철학적 요소를 지닌 체육입니다.

태권도와 정신 수련

태권도는 인격 형성의 길잡이로 참된 인품을 만드는 근원이 되고 애국하는 길잡이 역할을 합니다.

⊙ 태권도와 신체 단련
- 태권도는 성장에 영향을 주는 호르몬의 분비를 활성화시킵니다.

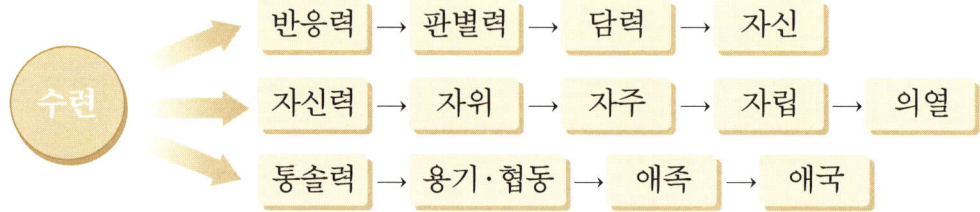

- 태권도는 우리 몸에 에너지를 많이 만들어 낼 수 있도록 도움을 줍니다.
- 태권도는 혈관 길이를 증가시켜 주고 혈액 순환이 활발해지며 심장을 튼튼하게 해 줍니다.
- 태권도는 폐 기능을 좋게 해 주어 폐활량과 호흡 능력이 증가됩니다.
- 태권도는 근육을 증가시키고 근력을 향상시켜 관절의 움직임에 도움을 줍니다.
- 태권도는 자세를 올바르게 유지시켜 줍니다.
- 태권도는 각종 호르몬을 활성화시켜 정신 집중력과 기억력을 강화시켜 줍니다.
- 태권도는 질병을 예방하고 치료를 가능하게 해 줍니다.
- 태권도는 즐거움을 주는 호르몬인 엔돌핀이 많이 분비되게 하여 가족, 친구 들과 조화롭게 지낼 수 있게 해 줍니다.
- 태권도는 균형 잡힌 체격 유지에 도움을 줍니다.

태권도(跆拳道)란 무엇일까요?

문자 그대로 이해한다면, 인간의 신체 가운데 발[足]과 손[手]을 쓰는 일과 직접적으로 연관됩니다.

> **태**(跆)는 발과 관련되어, 차거나 뛰거나 밟는 행위로 표출됩니다.
> **권**(拳)은 손을 말아 감아쥔 모습을 나타내므로 주먹을 가리킵니다.
> 　　즉 주먹이나 손날로 상대를 가격하는 것으로 드러납니다.
> **도**(道)는 말 그대로 길, 원리나 방법을 말합니다.

태권도는 형식적으로 볼 때, 손과 발의 전반적인 기술을 동원하여 인간의 길을 가는 것입니다.

그러나 단순하게 손을 쓰는 모든 동작이나 작업, 발을 써서 길을 걸어가는 것까지 태권도라고는 하지 않습니다.

'도(道)'라는 말이 붙어 있기에, 태권도는 반드시 손과 발이라는 신체적 원리를 포함하여 그것을 담보해 주는 정신 수양의 가치가 담겨 있습니다.

태권도의 핵심인 품새나 겨루기, 각종 시범에서 보이는 미적 요소, 그 예술성은 인간의 희로애락(喜怒哀樂)을 형상화한 것이나 마찬가지입니다. 그러므로 태권도인은 태권도를 통하여 삶의 예술을 구가할 수 있는 것입니다.

⊙ **태권도는 우리나라의 '국기(國技)' 입니다.**

국기는 대한민국의 전통을 간직한 대표적인 기예(技藝)라는 의미입니다.

우리나라에는 검도, 유도, 합기도, 쿵푸 등 중국과 일본에서 건너온 다양한 무술이 있습니다. 또한 축구, 야구, 농구, 배구 등 다양한 구기 종목도 있습니다. 그러나 이러한 무술과 구기 종목은 경기가 벌어지는 상황에 따라 인기 종목이 될 수는 있을지언정 국기는 아닙니다. 뿐만 아니라 저마다 전통 무예의 계보를 잇고 있다고 주장하는 무예도 많습니다. 수벽치기, 태견, 권법 등 이름도 제각각입니다. 운동 중에 민속 씨름도 있습니다. 그러나 어느 것도 국기는 아니지요.

국기는 하나입니다. 정말 하나밖에 없는 자랑스러운 '나라의 대표 기예'입니다. 요즘 '국민 가수'니 '국민 배우'니 하면서 '대표성'을 강조하듯이, 태권도는 대한민국을 대표하는 기예입니다.

기예(技藝)란 기술상의 재주, 솜씨를 말합니다.
태권어린이 여러분에게는 어떠한 기예가 있나요?

⊙ **태권도는 '무예(武藝)' 입니다.**

태권도는 단순한 무술(武術)이 아니고 무예입니다. 태권도는 인간의 심신을 단련하는 데 필수적인 요소이고, 중요한 이치를 지니고 있으며, 일상 생활을 세련되게 하는 생활양식입니다.

따라서 이제는 태권도를 하나의 무예로 인식하면서 삶의 예술로 승화시킬 필요가 있습니다. 그래야만 국기(國技)로서 국민 전체가 공유할 수 있습니다. 다시 말하면, 특수한 무술이나 무도라며 일부 태권도인들이 행하는 전문적이고 기교를 부리는 것에서 벗어나야 합니다. 바람직한 태권도는 보통 사람이 건전한 육체와 정신을 지니고 있다면 누구나 수행할 수 있고 공감할 수 있어야 합니다.

태권어린이는 이러한 태권도를 수련하여 무예인으로서의 삶을 살아야 합니다. 태권도를 통해, 태권어린이는 열심히 배우고 생각하는 슬기로운(지혜로운) 어린이, 부모님께 효도하는 착한 어린이, 몸과 마음이 함께 건강한 어린이가 될 것입니다.

생각해 보기

🔲 태권어린이는 태권도를 통해 무엇을 갖추어야 하나요?

🔲 우리 어린이들이 태권도를 배우는 이유는 무엇인가요?

🔲 국기란 무엇인가요?

🔲 무예란 무술과 어떻게 다른가요?

슬기로운(지혜로운) 어린이

'슬기' 란 무엇일까요?

국어 사전에 따르면, 슬기란 '사물의 이치를 밝혀 시비를 가리고 사물을 정확하게 처리해 내는 재능'을 가리키는 말입니다. 다르게 나타내면, 사물의 이치를 빨리 깨달을 뿐 아니라 사물을 분명하고 올바르게 처리할 방도를 생각해 내는 재능을 뜻합니다. 한자말의 '지혜'와 같은 뜻입니다.

슬기로운 사람은 홀리는 법이 없습니다. 홀린다는 것은 물건 따위를 실수로 잃어버리거나, 어떤 일에 빠져 정신을 차리지 못하는 상태를 의미합니다. 잘못 판단하거나 유혹에 넘어가서 갈팡질팡하는 것은 어리석은 사람입니다.

슬기로운 사람은 의심이 나거나 모르는 것을 만나면, 먼저 깨우쳤거나 경험이 많은 사람에게 물어서 배운 데다 자신만의 생각을 더하는 사람입니다. 자신보다 나이가 많은 사람, 어진 사람은 오랜 동안 수많은 일들을 겪으면서 세상 보는 눈이 밝고 올바르기 때문에 훌륭한 스승이 될 수 있습니다. 그러한 분들에게 배우기를 좋아하고 즐긴다면 슬기로운 사람이라고 할 수 있습니다.

슬기로운 어린이는 배우며 생각하고 실천하는 어린이입니다.

배운다는 것은, 인류가 쌓아 놓은 지식과 지혜를 익히고 따른다는 뜻입니다.

우리의 선조들이 슬기로운 생각을 하지 않았다면 한글, 측우기, 비행기, 우주선 등등 오늘날 우리가 누리는 문명의 발전은 결코 없었을 것입니다.

퇴계 이 황은 조카에게 이렇게 충고했습니다.

"옛날의 지혜와 덕이 뛰어난 어른들의 가르침을 깊이 생각하고 본받아야만 한다. 이를 항상 본받고 실천한다면 그분들의 한 말씀 한 말씀이 가치가 있지만, 따를 생각을 아니하고, 또한 실천도 하지 않는다면 훌륭한 만 마디의 말씀이라 하더라도 아무 소용이 없는 것이다."

배우고 생각하기

무턱대고 책을 읽기만 하고, 생각하지 않으면 헛일입니다. 이는, 아무런 목적 없이 길을 떠도는 것과 마찬가지인 때문입니다. 책에 담긴 이야기나 지식이 과연 옳을까, 또 다른 방향으로 좀더 깊고 넓게 발전시킬 수는 없을까 곰곰이 생각하는 동안 사고력은 물론 슬기의 키가 무럭무럭 자라게 됩니다.

이와 마찬가지로 무작정 배우기만 해서는 아무 소용이 없습니다. 배운 바를 디딤돌로 삼아, 자기 자신만의 지식으로 소화해야만 합니다. 그러기 위해서는 자기 나름의 생각이 뒤따라야 합니다. 끊임없이 배우며 새기고 곰곰이 따져 보면서 생각을 해 봐야 합니다. 그래야 비로소 자신만의 지식과 지혜가 되고 이를 바탕으로 새로운 것을 창조해 낼 수 있는 법입니다.

"배우기만 하고 생각하지 않으면 어둡다."는 말이 있습니다. 배우는 데만 힘쓰고 생각이 따르지 않으면 세상이 어두울 수밖에 없다는 뜻입니다. 아는 것을 잘 활용하지 못하기 때문에 우물 안 개구리처럼 어리석게 될 수도 있다는 의미입니다.

배우지 않고 생각만 열심히 하는 사람도 있습니다.

자기 나름대로 생각은 하지만 남이 이룩해 놓은 학문을 배우지 않는 사람은 독단에 빠지기 쉽습니다. 독단이란 남의 말을 들어 보지도 않고 자기 혼자만의 생각으로 결정해 버리는 것을 말합니다.

우리 주위에도 그러한 친구들이 있을 것입니다.

사람은 누구나 완전할 수가 없습니다. 그렇기 때문에 다른 사람의 생각도 들어 보고 얘기를 나누면서 세상일을 판단하게 되는 것입니다. 세상에서 가장 위태로운 것이 혼자만의 생각대로 행동하는 것입니다.

♣ 배운다는 것은 무엇을 뜻하나요?

♣ 친구들과 놀다가 내 뜻대로만 하겠다고 고집을 부린 적은 없나요?

♣ 옛 성현의 글을 읽고 따라 실천해 봅시다.

배우며 생각하고 생각하며 배운 서경덕

화담 서경덕은 황진이, 박연폭포와 함께 개성을 대표한 송도 3절(松都三絶)로 일컫는, 조선 중기의 유학자이자 주기론(主氣論)의 선구자입니다. 그는 따로 스승을 모시지 않고 혼자서 공부하여 학문을 이룬 분입니다.

다음은 화담 선생의 어린 시절에 있었던 이야기입니다.

경덕은 어려서부터 호기심과 관찰력이 뛰어났습니다. 그러나 워낙 가난한 탓에 공부하는 틈틈이 나물을 캐어다 끼니를 때우곤 했습니다.

그러던 어느 날부터, 경덕의 다래끼에 나물이 한 뿌리도 들어 있지 않는 일이 계속되자 어머니가 물었습니다.

"경덕아, 이게 어찌 된 일이냐? 벌써 며칠째, 늦게 돌아오면서도 연방 빈 다래끼만 달랑달랑 들고 오다니?"

"아, 새를 관찰하느라고 그랬습니다."

"아니, 난데없이 새라니?"

"며칠 전 들에 갔을 때, 이상한 것을 보았어요. 봄 햇살이 따사롭게 내리는 들판에 아지랑이가 어칫어칫 춤을 추며 걸어왔어요. 그런데, 아른거리는 아지랑이 속으로 새가 한 마리 날아오르지 뭐예요?"

"그래서?"

다음 말을 재촉하는 어머니께 경덕은 이와 같이 털어놓았습니다.

나물을 캐던 경덕은 새가 날아오르는 모습을 보고는 고개를 갸웃거렸습니다.
어제와는 달리 새가 땅에서 한 치쯤 더 높이 날고 있었기 때문입니다.
'어, 이상하네? 새가 왜 어제보다 조금 더 높이 떠서 나는 걸까?'
경덕은 그 다음 날도 나물을 캐러 들판으로 갔습니다. 어제와 마찬가지로 새는 또 땅에서 한 치쯤 더 높이 날았습니다.
'이상도 하지? 오늘도 어제보다 한 치쯤 더 높이 올라갔네! 도대체 왜 그럴까?'
경덕은 다래끼를 놓아 둔 채 깊이 생각에 잠겼습니다. 무슨 까닭에서 그러는 것인지, 궁금해서 견딜 수가 없었습니다.
여느 아이들 같으면 무심코 넘어갈 만한 일이지만 경덕은 그렇지 않았습니다. 궁금하거나 이상한 일이 생기면, 반드시 알아내야만 직성이 풀리는 아이였습니다.
"새는 어째서 날마다 조금씩 땅에서 높이 올라갈까? 날개가 있으니까 애초부터 높이 떠서 날 수도 있을 텐데, 왜 차츰차츰 높이 올라가는 거지?"
그렇게 중얼거리며 경덕은 나물 캐는 것도 잊고, 들판에 쪼그리고 앉아 하루 내내 생각에 빠져 있었습니다. 그러다 보니 해는 어느새 꼴깍 넘어가고 어둠이 밀려오기 시작했습니다. 집으로 돌아가려고 다래끼를 챙기던 경덕이 갑자기 무릎을 타닥, 쳤습니다.
"그래, 맞다! 바로 그거야!"
새가 날마다 조금씩 높이 날아오르는 까닭을 비로소 알아낸 것입니다.
"봄이 되니까, 땅 속에 스며 있던 따뜻한 기운이 위로 뿜어져 나오는 거야. 그 기운이 날마다 조금씩조금씩 위로 올라가니까, 새도 그에 따라 날마다 조금씩 높이 나는 거야."
경덕은 정말 하늘이라도 나는 기분이었습니다.
"맞아, 바로 이거야!"
빈 다래끼뿐인데도 경덕은 콧노래를 부르며 집으로 달려갔습니다.
화담 서경덕 선생은 평생을 배우며 생각하고, 생각하며 배우는 태도로 살았습니다. 이런 일을 누구나 본받기는 어렵습니다. 그렇지만 태권어린이는 학교나 집에서 애써 이러한 자세를 지니도록 노력해야 합니다. 늘 배우고 생각하는 것이야말로 태권어린이의 기본 자세라고 할 수 있습니다.

♣ 종달새는 왜 날마다 조금씩 조금씩 높이 날았나요? 친구들과 함께 이야기해 보세요.

무엇을 배워야 할까요?

배운다는 것은, 흔히들 생각하듯 교과서를 열심히 익히는 것만을 가리키는 것이 아닙니다.

배움은 실제로 보고 듣고 느끼면서 터득하는 것이 가장 좋습니다. 그럼에도 불구하고 시간적·경제적 부담으로 인해 세상의 모든 것을 직접 경험하는 것은 불가능한 일입니다.

더욱이 이미 지나가 버린 과거는 아무리 애를 써도 직접 체험할 수 없습니다. 이런 까닭에, 세상을 살아가는 데 필요한 평균 지식을 교과서에 담아 여러분들에게 간접 경험의 기회를 주는 것입니다.

그러므로 태권어린이들은, 교과서에서 한 걸음 더 나아가 책을 많이 읽고 보다 다양한 체험(직접 경험)을 하기 위해 노력해야 합니다. 하루하루 살아가는 것 자체가 모르는 사실을 하나씩 배우는 과정입니다. 그렇게 깨우친 지식과 지혜가 차곡차곡 쌓이면서 우리는 성숙한 어른이 되어 가는 것입니다.

예를 들어, 할머니 댁에 가려면 차를 어디서 타야 하는지, 맛있는 과자를 만들려면 어떻게 해야 하는지, 아버지, 어머니에게 아침 인사는 어떻게 하는 것인지, 친척들을 부를 때는 각기 어떠한 호칭을 써야 하는지 등등…… 이러한 모든 것이 배움입니다.

배움이 즐겁다는 것은 배움에 익숙해져서 많은 것을 깨닫게 되며, 그 깨달음에 재미를 붙인다는 것입니다.

🔹 우리 집에서 가장 어른은 누구입니까?
　　예) 할아버지이며, 연세는 78세이십니다.

🔹 우리 가족 어른들의 존함(이름)과 연세(나이)를 한글과 한자로 써 보세요.

친할아버지	(한글)	(한자)	세
친할머니	(한글)	(한자)	세
외할아버지	(한글)	(한자)	세
외할머니	(한글)	(한자)	세
아버지	(한글)	(한자)	세
어머니	(한글)	(한자)	세

🎴 아버지의 형제, 자매의 존함과 연세를 적어 보세요.

🎴 어머니의 형제, 자매의 존함과 연세를 적어 보세요.

🎴 나의 형제, 자매의 이름과 나이와 생일을 적어 보세요.

🎴 부모님께 아침, 저녁 인사는 어떻게 해야 하나요? 소리내어 말하고 적어 봅시다.

🎴 이웃 어른들께는 어떻게 인사해야 하나요? 소리내어 말하고 적어 봅시다.

🎴 우리 집 주소와 전화 번호를 알고 있나요? 적어 봅시다.

♣ 부록 4(59쪽) '우리 집 가계'를 적어 봅시다.

🗗 부모님의 연락처(핸드폰 번호)를 알고 있나요? 적어 봅시다.

🗗 낯선 곳에서 길을 잃었을 때는 어떻게 해야 하나요?

슬기로운 사람은 세상의 모든 이치를 두루 잘 아는 까닭에 막힘이 없습니다. 그러므로 어떤 일에 부딪혀도 어렵지 않게 뚫고 나갈 수 있습니다. 마치 물이 요리조리 스며들며 제 길을 찾아가는 것과 같습니다. 그래서 슬기로운 사람은 항상 물처럼 움직이기를 좋아하며 즐겁게 삽니다.

태권어린이 역시 어른이 되고 세상을 살아가기 위해서는 아주 많은 일들을 겪게 됩니다. 그때마다 슬기롭게 행동하여, 마치 물처럼 잘 헤쳐나가야 합니다.

그러나 제 아무리 슬기롭다 하더라도 도덕에 벗어나는 일을 해서는 안 됩니다. 어린 시절에 슬기로운 어린이가 훗날 어른이 되어서도 사회와 국가를 위해 훌륭한 일을 할 수 있습니다.

지혜로운 사람

우리 조상들은 바르고 지혜로운 사람이 되기 위해 끊임없이 노력했습니다.

다음은 율곡 이 이 선생이 『격몽요결』이라는 책에 남긴 말씀입니다.

"세상에 지혜보다도 더 아름다운 것은 없습니다. 또한 어짊보다 더 고상하고 귀중한 것이 없습니다. 그런데 사람들은 어렵고 힘들며 고통스럽다고 하여 그것을 포기하는 경우가 많습니다. 설혹 어렵고 고통스럽다 할지라도, 어찌 어질고 지혜롭게 되는 일을 어리석게도 쉽게 포기할 수가 있겠습니까?

또한 사람은 누구나 착한 성품을 지니고 태어납니다. 그런데 어찌하여 스스로 그 착한 성품을 갈고 닦지 않아 그릇된 사람으로 성장할 수 있단 말입니까?

학교에서 1등을 하는 사람이라고 해서 모두 다 지혜롭다는 보장은 없습니다. 또한 배운 것이 없다고 지혜롭지 말라는 법도 없습니다. 지혜로운 사람이 된다는 것은 공부를 많이 했다거나 높은 자리에 있는 사람이거나 돈이 많다거나 하는 것들과는 상관이 없습니다."

태권어린이는 지혜로워지기 위해 항상 모든 것을 잘 관찰해야 합니다. 작은 일이라도 늘 거기에 깃든 교훈을 찾으려 애쓰고, 옛사람들의 지혜를 배워 자신의 것으로 만들어야 하는 것입니다. 그러기 위해서 가장 좋은 방법은 독서입니다. 옛사람들이 겪어서 터득한 지혜가 책 속에 고스란히 들어 있기 때문입니다. 태권어린이는 항상 좋은 책을 읽으며 스스로 지혜로워지려고 노력해야 합니다.

사마광의 지혜

중국 북송 시대의 정치가이자 사학자인 사마광은 「소아격옹도(少兒擊瓮圖)」의 주인공으로도 유명합니다. 「소아격옹도」는 사마광이 어렸을 때 있었던 지혜로운 이야기를 그림으로 나타낸 것입니다.

사마광은 친구들과 어울려 술래잡기를 하고 있었습니다. 귓불 아래 큰 점이 있는 친구와 함께 술래의 눈을 피해, 아름드리 느티나무가 있는 집으로 뛰어들었던 사마광은 대문 틈으로 골목의 기척을 살폈습니다.
"히힛, 술래가 이쪽은 살필 생각도 안 하는 모양이다. 슬금슬금 나가 보자."
바로 그때, 뒤따르던 친구가 사마광의 옷깃을 잡아당기더니 장독대를 가리켰습니다.
"야, 사마광. 궁금하지 않니? 저기 말이야. 엄청나게 큰 항아리 속에는 대체 뭐가 들어 있을까?"
"글쎄?"
"우리 한번 올라가 볼래?"

30 태권어린이 智

그러더니 친구는 작은 항아리를 엎어놓은 다음 그것을 디딤돌 삼아 커다란 항아리 위로 올라갔습니다.
　어른 키보다 더 높고 커다란 항아리 위로 올라간 친구는, 사마광을 내려다보며 입을 삐죽거렸습니다.
　"에이, 시시해! 위험을 무릅쓰고 기껏 올라왔는데, 물만 가득 차 있잖아!"
　그러다가 테두리를 디디고 있던 발이 미끄러져 그만 항아리 속으로 빠지고 말았습니다.
　"으악! 사람 살려! 어푸! 어푸!"
　당황한 친구는 두 팔을 허우적거리며 외쳤습니다.
　"살려 주세요! 큰일났어요!"
　당황한 사마광이 큰 소리로 외쳤지만, 아무도 나오지 않았습니다.
　"누구 안 계세요? 제 친구가 물 항아리에 빠졌어요!"
　공교롭게도, 그 날따라 모두 논으로 일을 나간 터라 집에는 아무도 없었습니다.
　"큰일났다!"
　사마광이 외치는 소리를 듣고 달려온 친구들은 발을 동동 구르며 어찌할 바를 몰랐습니다.

"이를 어째?"

"이러다가 저 친구 죽고 말 텐데……. 사마광, 네가 어떻게든 좀 해 봐!"

"아니야, 내가 올라간대도 어림없는 일이야. 자칫하면 나까지 빠져서 함께 목숨을 잃고 말 거야."

그렇게 말하던 사마광이 딱! 소리가 나도록 자신의 이마를 치더니, 대문 밖으로 뛰어나갔습니다.

"어! 사마광, 어디 가는 거야?"

잠시 후 사마광은 베개만 한 돌덩이 하나를 들고 헐레벌떡 달려왔습니다.

"사마광, 어쩔려고 그래?"

모여든 아이들의 눈이 화등잔만 하게 커졌습니다.

"앗, 항아리를 깨뜨렸다가는 엄청나게 혼날 텐데?"

"……."

사마광은 아무 대꾸도 없이 돌덩이를 치켜들더니 항아리를 향해 힘껏 내리쳤습니다. 그러자 항아리가 깨지면서 속에 들어 있던 물이 쏟아져 나왔습니다. 그 덕분에 항아리에 빠졌던 친구는 무사히 살아날 수 있었습니다.

"그래, 사마광! 정말 잘했다! 어쩌면 그처럼 슬기로운 생각을 다 해냈는지, 정말 기특하구나! 이까짓 항아리야 다시 사면 되지만, 아이의 목숨은 하나밖에 없으니까 말이다."

항아리를 깨뜨렸는데도 그 집 주인은 사마광에게 꾸중을 하기는커녕 '지혜롭게 친구를 구한 소년'이라는 칭찬과 함께 맛난 먹을거리까지 주었습니다.

지혜란 무엇일까요?

살아가면서 많은 것을 배우고 생각하는 가운데 우리는 이러한 지혜를 얻을 수 있습니다.

사마광은 커다란 항아리를 깨뜨림으로써 친구의 목숨을 구했습니다. 눈앞에 벌어진 일에 놀라 어쩔 줄 모르던 다른 친구들이 미처 생각하지 못한 방법이었습니다. 만약에 여러분이 이러한 일을 겪게 되었다면, 어떻게 했을 거라고 생각합니까? 나아가, 사마광이 한 것보다 더 나은 방법은 없을지, 친구들과 함께 토론해 보세요.

친구를 구한 강석기

　조선 중기의 문신인 강석기는, 승문원 정자(承文院正字)로 등용되었지만 광해군의 폭정에 불만을 품고 고향으로 내려갔을 정도로 강직한 분입니다. 그러다가 인조 반정 이후 조정으로 돌아와, 동부승지·우의정 등을 지냈습니다.
　강석기는 어릴 때부터 뱃심이 여간하고 담력이 세며 지혜롭기로 이름이 났습니다.
　다음 이야기는 그가 일곱 살 때 있었던 일입니다.
　하루는 친구들과 함께 마을 뒷산으로 놀러 갔습니다. 워낙 자주 오르내리는 까닭에 눈을 감고 가도 훤한 곳인데, 한 아이가 그만 발을 헛디뎌 깊은 구덩이에 빠져 버렸습니다.
　"으악, 살려 줘!"
　짐승을 잡기 위해 사냥꾼들이 파 놓은 함정인 듯했습니다.
　"얘들아, 나 좀 살려 줘! 어엉엉, 으아앙!"

함정에 빠진 친구가 울음을 터뜨리자, 아이들은 더럭 겁이 났습니다.
"아이쿠야, 큰일났다!"
바지랑대처럼 기다란 막대기도, 새끼줄 같은 것도 눈에 띄지 않았습니다.
얼굴이 핼쑥해진 아이들이 꽁무니를 뺐습니다.
"안 되겠다! 달아나자!"
석기는 침착하게 친구들을 불러모았습니다.
"애들아, 돌아와! 내게 좋은 생각이 떠올랐어!"
주뼛주뼛 다가오는 아이들을 향해 석기는 이렇게 말했습니다.
"걱정 말고 어서 와. 금세 구해 낼 수 있으니까……. 너희들, 어서 허리띠를 풀어라."
난데없는 제안에 모두 어리둥절했지만, 먼저 나서서 허리띠를 푸는 석기의 말에 순순히 따랐습니다. 석기는 허리띠를 하나씩 이어 묶어서 긴 끈을 만든 다음 구덩이 가장자리에 서서 크게 외쳤습니다.
"자, 이제 걱정 마. 긴 끈을 내려보낼 테니까 꽉 잡고 올라오면 돼!"
아이들은 물론 어른른들까지도 강석기의 슬기로움에 크게 감탄하였습니다.
이때부터 강석기는 한평생, '슬기로운 사람'이라고 불렸습니다.

오세 신동 김시습

우리나라 최초의 한문 소설책 『금오신화』를 쓴 매월당 김시습은 태어난 지 8개월 만에 글을 깨쳤고 세 살 때 『소학』을 거침없이 읽었으며 한문으로 시를 쓸 정도였습니다.

복숭아꽃 붉고 / 버들은 푸르러요. / 3월도 / 거의 지나갔는데 / 푸른 바늘에 / 구슬을 꿰었나요. // 솔잎에 총총 / 이슬이 맺혔어요. / 이슬이 반짝 / 눈물 글썽였어요.
桃紅柳綠三月暮(도홍유록삼월모), 珠貫靑針松葉露(주관청침송엽로).

김시습이 세 살 때 쓴 한시 「소나무」

또한 다섯 살에 많은 유교 경전들을 읽고 이해했습니다. 이처럼 김시습은 어려서부터 재주가 총명하고 남달라, 인근에 소문이 자자했습니다.
이 뛰어난 아이에 대한 소문은 마침내 세종 임금의 귀에까지 들어갔습니다.
"어린 나이에 그 같은 재능이 있다고? 믿어지지 않는구나."
세종 임금은 김시습을 승정원으로 불러, 신하에게 시험해 보게 했습니다.

삼각산 높은 봉우리 / 하늘을 뚫었구나. // 올라가 따 보고 싶은 / 북두칠성 // 어찌 헛되게 구름 불러 놓고 / 말없이 서 있겠는가. // 왕가가 만세토록 / 평안함을 / 기원하려 그랬구나.

김시습이 다섯 살 때 쓴 시 「삼각산」

신하는 세종 임금에게 김시습이 쓴 시를 올리며 말했습니다.
"과연 듣던 바와 같이, 백 년에 하나 나올까 말까 한 신동입니다."
"오, 그래? 대단하구나."
세종 임금은 자신이 직접 김시습을 시험해 보고 싶었습니다. 그래서 신하에게 이렇게 명을 내렸습니다.
"그 아이에게 비단 50필을 상으로 주어라. 단, 누구의 도움도 없이 아이 혼자서 비단을 가져가야 한다."
신하는 깜짝 놀랐습니다.

"전하, 그 많은 비단을 아이 혼자 옮기라니요. 수레 없이는 어른도 옮기기 어렵습니다."
세종 임금이 웃으며 말했습니다.
"걱정 말고 내가 일러준 대로 하라. 그 아이가 할 수 있는지 없는지는 가서 보면 알 것이다."
잠시 후 승정원 마당에 비단 50필이 쌓였습니다. 그 주위에는 사람들이 모여 있었습니다. 세종 임금이 김시습에게 비단 50필을 가져가라고 했다는 말을 듣고, 다들 궁금해서 찾아온 것입니다.
"전하도 참 짓궂으시지. 어린아이가 설마, 저리 많은 비단을 다 가져갈 거라고 생각하시는가?"
한 사람이 어이없다는 표정을 지으며 이렇게 중얼거렸습니다. 그러자 옆에 있던 사람이 말했습니다.
"거참, 치도곤을 당하고 싶어 그처럼 불경스런 말을 입에 올리나? 아무렴, 전하께서 할 수 없는 일을 시키셨겠나?"
김시습은 한동안 비단 더미를 바라보며 생각해 보더니, 비단 두 필을 끌어내렸습니다.
사람들은 고개를 갸우뚱했습니다.

'대체 어쩌려는 거지?'

김시습은 끌어내린 비단의 끝과 끝을 잡고 매듭을 지었습니다. 그러고는 다시 비단 한 필을 내려 덧대어 묶고, 또 다시 비단을 끌어내려 먼저 비단의 끝에 이었습니다.

"옳아, 저렇게 해서 비단을 끌고 가려는 거야! 세상에, 다섯 살짜리 꼬마가 어쩌면 저런 생각을 다 해냈을까?"

지켜보던 사람들이 탄성을 질렀습니다.

아니나다를까, 비단 50필을 한 줄로 다 이은 김시습은 그 끄트머리를 허리에 묶고 유유히 궁궐을 빠져나갔습니다.'

세종 임금은 이 이야기를 듣고 무릎을 탁 쳤습니다.

"그렇지! 비단을 들고 가지 않고 끌고 갈 생각은 아무나 할 수 있는 일이 아니야! 그처럼 틀에 얽매이지 않고 생각하는 힘이 있기 때문에 그 아이는 어린 나이에 글을 깨우치고 시를 지을 수 있는 거야!"

세종 임금은 그렇게 탄복하며, '장차 그 아이를 크게 중용하겠다.' 고 말했습니다.

이때부터 김시습은 '오세 신동' 이라는 별명으로 불렸습니다.

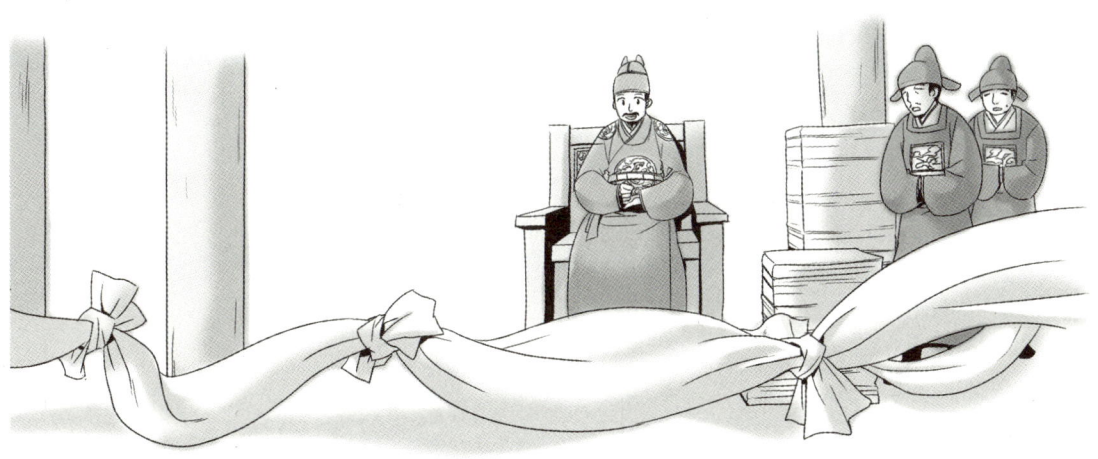

노력

지혜를 얻기 위해서는 끊임없이 노력해야 합니다. 태권어린이는 일단 시작한 일에 끝까지 최선을 다하여 목표한 바를 이루도록 노력해야 합니다.

『논어』에 다음과 같은 이야기가 담겨 있습니다.

사람들이 흙을 운반하여 큰 산을 쌓아 올리고 있었습니다. 오랜 세월 동안 고생하여 마침내 흙 한 삼태기만 더 갖다 부으면 높고 훌륭한 산의 모습을 만들 수가 있게 된 것입니다.

"이제 한 번만 다녀오면 되겠군그래."

"그래, 근데 누가 가지?"

"아휴, 나는 너무 지쳐서 손가락 하나도 까딱 못 하겠어."

"그러게. 나도 마찬가지야."

사람들은 슬금슬금 주변의 눈치를 보며 주저앉거나 바닥에 드러누워 버렸습니다.

오랜 세월 고생한 보람도 없이, 정작 마지막 흙 한 삼태기를 갖다 부을 사람이 없어서 끝내 큰 산을 쌓을 수 없었습니다.

이유야 어찌 됐든 하던 일을 도중에 그만두었기 때문에 다 된 일을 눈앞에 두고 안타깝게도 그 뜻을 이루지 못한 것입니다.

'떨어지는 물방울이 돌을 뚫는다.'는 속담이 있습니다.

한 가지 일을 꾸준히 하다 보면 마침내 성공하여 뜻을 이루는 날이 온다는 뜻입니다. 얼핏 보았을 때 하찮게 보이는 노력일지라도 대단한 결과를 만들어 낼 수 있습니다.

명필가 한석봉

『한석봉 천자문』으로 유명한 명필 한석봉은 우리나라 최고의 서예가입니다.

어린 시절 글씨 공부를 하러 집을 떠났던 석봉은 어머니가 너무 보고 싶은 나머지 중

도에 포기하고 집으로 돌아왔습니다.

"어머니, 제가 왔습니다."

온몸 가득 반가움을 담은 석봉과 달리, 어머니는 그리 반기는 기색이 아니었습니다.

"그래, 글씨 공부는 다 마쳤느냐?"

"네, 어머님의 염려 덕택에 공부를 다 마치고 돌아왔습니다."

"좋다, 이제부터 너는 글씨를 쓰거라. 나는 떡을 썰 테니……"

그러면서 어머니는 '후!' 하고 입바람을 보내 호롱불을 꺼 버리는 것이었습니다.

"아니, 어머님. 이처럼 깜깜한 곳에서 어떻게 글을……"

"칠흑같이 어두운 곳일지라도 이 어미는 떡을 썰 수 있단다. 그러니 너도 어서 글씨를 쓰거라."

한동안 붓이 화선지를 스치는 소리와 떡 써는 소리만이 방을 채웠습니다.

"자, 이제 그만 하자꾸나."

그러면서 어머니는 호롱에 불을 켰습니다.

어둠 속에서였지만 어머니가 썰어 놓은 떡은 하나같이 가지런하고 반듯했습니다. 그러나 석봉의 글씨는 괴발개발 그려 놓은 낙서나 다름이 없었습니다.

"……"

석봉은 아무 말도 하지 못했습니다.

"이 길로 곧장 떠나거라!"

오랜만에 만난, 보고 싶은 아들이었지만 어머니는 석봉을 다시 떠나보냈습니다.

집을 나선 석봉은 오랫동안 글씨 공부에 전념하여 마침내 우리나라 최고의 서예가가 되었습니다.

무엇이든 자신만의 세계를 이룬 분들의 공통점은, 뛰어난 재능에 의해서가 아니라 끊임없는 노력의 결과라는 것을 잊어서는 안 됩니다.

같은 일을 한두 번 하다 보면 다 아는 것 같고 자신이 가장 잘한다는 생각에 빠질 수도 있습니다. 그러나 그 일에 모든 정성을 다 쏟지 않으면, 단지 할 줄 안다는 것일 뿐이지 잘하는 것이라고 할 수 없습니다.

쇠막대로 바늘 만들기, 이태백

'서호' 라는 호수에 비친 달이 너무나 아름다워, 건지려고 뛰어들었다가 죽었다는 일화가 전해지는 중국 당나라 때의 시인 이태백의 어린 시절 이야기입니다.

이태백은 공부하기를 약 먹기보다 싫어하고 쏘다니며 놀기만을 좋아하였습니다. 책상 앞에 앉기만 하면 짜증이 나고 골치가 아파 견딜 수 없었기 때문입니다.

하르르 꽃잎이 비처럼 내리는 날, 산에 오르던 이태백은 이상한 할머니를 만났습니다. 머리가 눈처럼 하얗게 센 그 할머니는 커다란 쇠막대를 바위에다 열심히 갈고 있었습니다.

'어라, 이상한 할머니가 다 있네!'

그렇게 생각하고 지나치려던 이태백이 놀리듯 물었습니다.

"할머니, 그렇게 큰 쇠막대를 뭐 하려고 가는 거예요? 바늘이라도 만드시려고요?"

쇠막대를 갈던 할머니는 이태백을 향해 씨익 웃더니 이렇게 대답했습니다.

"용케도 알아맞혔구나. 그래, 바늘을 만들고 있단다."

"예에~! 정말로요? 그렇게 굵은 쇠막대를 가지고?"

"그럼! 쉬지 않고 갈다 보면 반드시 바늘이 되는 날이 온다."

이태백은 깜짝 놀랐지만 속으로는 '허 참, 노파가 미쳐도 단단히 미쳤군그래.' 생각했습니다. 그러면서 이태백은 할머니를 지나쳐, 다시 산에 오르기 시작했습니다.

얼마 후 너럭바위에 앉아 땀을 들이던 이태백은 자신이 무의식 속에서 줄곧 그 할머니

를 생각하고 있었음을 깨달았습니다.

'가만 있자, 할머니의 범상치 않은 행동에는 반드시 무슨 이유가 있을 것 같아……. 아무래도 다시 가서 여쭤 봐야겠다.'

이태백은 잰걸음으로 산길을 내려갔습니다. 그러나 할머니는 온데간데없었습니다.

"맞아, 신선께서 나를 깨우치기 위해 잠시 모습을 보이신 거였어!"

이태백은 산을 향해 공손히 손을 모은 채 거듭 절을 했습니다.

"학문이란, 꾸준히 갈고 닦지 않으면 안 된다는 것을 일러주셔서 고맙습니다. 무엇이든지, 노력을 거듭한 후에야 비로소 빛이 나는 것임을 잘 깨달았습니다. 정말 감사합니다."

집으로 돌아온 이태백은 열심히 공부하여 훗날 대시인이 되었습니다.

천장에 머리를 묶고 송곳으로 허벅지를 찌르며, 최치원

최치원은 신라의 최고 문장가로 꼽히는 분입니다.

어느 날 아버지가 최치원을 불렀습니다. 열두 살이 된 최치원은 신동으로 널리 알려져 있었습니다.

"치원아, 이제 좀더 넓은 세상으로 나가서 보다 깊이 있게 학문을 갈고 닦았으면 좋겠구나. 당나라로 유학을 다녀오너라."

"그러나 아버님, 소자 이제 겨우 열두 살인데다가 당나라 말도 잘 모르는데……."

"모르니까 더 배워야 하지 않느냐! 당나라는 우리 신라에 견주어 여러 모로 큰 나라이므로, 네게 많은 것을 깨우쳐 줄 것이다. 한 가지 명심할 것은, 10년 안에 급제하지 못하면 나는 너를 자식으로 받아들이지 않겠다."

당나라에 도착한 치원은 모든 것이 낯설고 힘들었지만, 오로지 공부에만 매달렸습니다.

"아버님 말씀대로 10년 안에 반드시 급제하여 금의환향해야지!"

당나라 아이들도 일찍부터 글을 깨우쳐 영리하고 똑똑했습니다. 신라에서 신동 소리를 들으면서 나름대로 자신을 가지고 있었지만, 치원으로서는 그 아이들을 따라잡기가 무척 버거웠습니다.

"아, 그동안 나는 자만에 빠져 있었구나. 잠을 한숨이라도 줄여 가며 책을 읽어야겠다."

치원은 본래 잠이 많았습니다. 밤늦게까지 공부를 하다 보면, 눈꺼풀이 천 근, 만 근이나 되는 것처럼 무겁게 내려앉았습니다. 그럴 때면 마당으로 나가 찬물로 세수를 하고 들어와 책에 눈길을 주지만, 잠시 후면 자신도 모르게 곯아떨어지기 일쑤였습니다.

치원은 잠을 쫓기 위해 온갖 방법을 다 써 보았지만, 눈을 뜨고 보면 영락없이 아침이 되어 있었습니다.

견디다 못한 치원은 글방 아이들에게 물어 보았습니다.

"너희들은 공부하다 졸릴 때 어떻게 하니?"

그렇잖아도 치원을 신라 촌놈이라고 깔보던 당나라 아이들은 마음 속으로 박수를 쳤습니다. 맞은편에 앉아 있던 아이가 앞으로 나서며 말했습니다.

"거참, 너도 잠이 많은 모양이구나. 나도 잠이 워낙 많아서 오랫동안 애를 먹었지. 그러다가 아주 좋은 방법을 한 가지 알게 됐어. 먼저 천장에다 못을 박은 다음 거기에 굵은 노끈을 묶고 늘어뜨리면 돼. 그러고는 아래로 내려온 노끈을 네 머리에 두르면 돼. 졸다가 고개를 떨구면 머리가 잡아당겨지기 때문에 금세 잠이 달아나지!"

그렇게 말하면서 맞은편 친구에게 꿈쩍 눈짓을 했습니다.

"맞아! 나도 그렇게 해서 잠을 이겨 냈어. 너희들도 그렇지 않니?"

사태를 알아차린 당나라 아이들은 일제히 낄낄거리면서 입을 모았습니다.

"그래, 그래!"

태권어린이 智

그 속도 모르고 치원은 그 날 당장 천장에 굵은 노끈을 묶었습니다. 아니나다를까, 꾸벅꾸벅 졸 때마다 천장에 묶은 노끈이 잡아당기는 바람에 잠이 확, 달아나 먼동이 틀 때까지 책을 읽을 수 있었습니다.

이튿날, 서당에는 치원이 천장에 매달아 놓은 노끈을 머리에 묶고 공부한다는 소문이 자르르, 퍼졌습니다.

"이런, 이마에 빨간 줄이 생겼구나. 아, 열심히 공부한 사람만 가질 수 있는 훈장!"

한 아이가 치원을 놀리자, 곁에 있던 아이가 거들었습니다.

"치원아, 너 애꿎은 이마 고생시키지 말고, 차라리 바늘을 써 보는 건 어떻겠니? 졸음이 쏟아질 때마다 바늘로 허벅지를 콕콕 찌르는 거야. 빈대가 문 것처럼 빨간 점이 수없이 나기는 하지만, 이마에 자국이 나는 것보다는 낫지 않겠니? 아무래도 허벅지 상처는 바지에 가려서 안 보일 테니까 말이야."

둘러선 아이들은, 그것이야말로 묘책이라며 손뼉을 치며 웃었습니다.

치원은 골탕을 먹이려는 아이의 손을 덥석 잡으며 반겼습니다.

"옳아, 그런 수가 있었구나! 오늘밤부터 당장 그렇게 해야겠어. 고맙다, 정말 고마워!"

그 날부터 치원은 책상 위에 바늘 쌈지를 올려놓고 공부를 했습니다. 천장에 묶인 노끈도 여전히 이마에 질끈 묶은 채 말입니다.

"에라이, 미련한 신라 촌놈아!"

나중에야 당나라 아이들이 그렇게 놀렸지만, 치원은 마음에 두지 않았습니다.

최치원은 마침내 당나라에 유학한 지 6년 만인 열여덟 살 때 진사과에 급제할 수 있었습니다.

"어휴, 지겨워! 단 하루라도 공부 없는 세상에서 살아 봤으면!"

이렇게 푸념하는 어린이가 제법 많습니다. 공부라는, 워낙 무거운 짐을 지고 살기 때문에 그럴 만도 합니다. 하지만 배우고 익히지 않으면, 자신의 미래를 빛나게 열어 나가기 어렵습니다. 어차피 해야 할 것이므로 마지못해 하기보다는, 공부하는 즐거움을 찾아내는 것이 보다 적극적인 태권어린이의 자세입니다.

그러면서도 늘 마음에 담아 두어야 할 것이 있습니다.

"배우기만 하고 생각하지 않으면 얻을 수 없고, 혼자 생각만 하고 배우지 않으면 위태롭습니다. 배움과 생각은 늘 서로를 부추겨 상승 작용을 일으키므로, 끊임없이 노력해야 합니다. 그래야 자기 발전이 있습니다."

『논어』에 나오는 다음 글을 외워 봅시다.

知之爲知之 (지지위지지)　아는 것을 안다고 하고

不知爲不知 (부지위부지)　모르는 것을 모른다고 하라!

是知也　　　(시지야)　　이것이 바로, 아는 것이다

생각해 보기

🔹 태권어린이는 지혜로운 어린이가 되기 위해 어떠한 노력을 해야 하나요?

🔹 태권도장에서는 무엇을 배우고 익히나요?

🔹 태권도를 배우며 어떠한 마음가짐을 가져야 하나요?

태권어린이 智

되고 싶고 닮고 싶은 위인

세종 대왕

세종 대왕은 우리나라 최고의 성군(聖君)으로 일컬어지는 훌륭한 임금입니다.

태종 대왕의 셋째 아들로 태어난 세종은, 1419년 아버지로부터 왕위를 물려받아 조선의 네 번째 임금자리에 올랐습니다. 세종 대왕은 뛰어난 슬기와 지도력으로, 나라의 기틀을 세우고 5백년 조선 왕조의 문을 활짝 열었습니다.

⊙ 배움에 대한 끊임없는 노력, 세종 대왕

세종 대왕은 어린 시절부터 책읽기를 무척 좋아했습니다. 몸이 아플 때도 여전히 책을 끼고 살 정도였습니다.

아버지 태종 임금의 걱정은 이만저만이 아니었습니다. 생각다 못해 태종 임금은 내시에게 일러, 책을 모두 치우게 했습니다.

"책을 읽어야 마음이 편한데, 아바마마는 못 읽게 하시니 정말 답답하구나!"

한숨을 내쉬던 세종은 우연히 병풍 사이에 끼어 있는 책 한 권을 발견하고는 크게 기뻐했습니다.

"야호, 책이다!"

세종 대왕은 이렇게 찾은 책 한 권을 무려 일천 번이나 읽었다고 합니다.

임금이 된 이후에도 '경연'을 통해 늘 신하들과 문답을 주고받으며

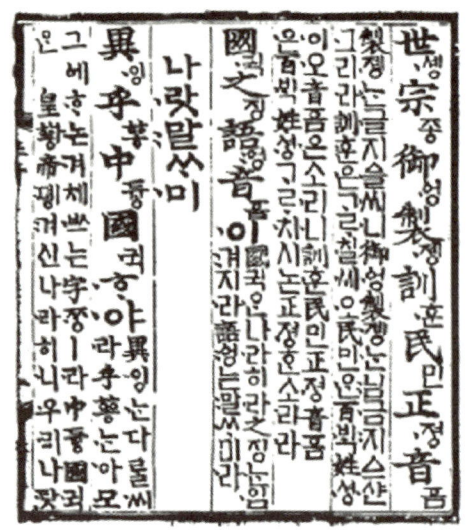

어떻게 하면 백성들을 배불리 먹이고 편안하게 살 수 있게 할 것인가를 생각하였습니다. 날마다 새벽 세 시쯤이면 일어나 옷을 입고, 아침이 밝을 무렵 신하들의 인사와 보고를 받아 일을 처리했습니다. 그러고 나서 틈만 나면 책읽기에 매달렸습니다.

　세종 대왕은 늘 이렇게 말했습니다.
　"책을 보되, 눈으로 한 번 거친 것은 잊은 적이 없다."
　또한 신하들에게도 자신 있게 말했습니다.
　"내가 궁중에 있으면서 손을 거둔 채 한가로이 앉아 있었던 적이 있는가?"
　세종 대왕은 한 권의 책을 반드시 백 번씩 되풀이하여 읽었습니다.
　백성을 위해 늘 공부하고 생각했으며, 혼자만의 판단으로 해가 될 만한 명령을 내린 적이 없었던 까닭에 백성들이 풍요로운 삶을 누릴 수 있었습니다.
　세종 대왕의 업적은 헤아릴 수 없이 많지만, 그 중에서도 으뜸은 오늘날 우리가 사용하고 있는 한글을 만든 것입니다. 당시에는 '진서' 라고 일컫던 한문을 사용하고 있었는데 배우기가 힘들고 우리말과 달라서 백성들은 말하고자 하는 바를 나타내기 어려웠습니다.
　백성들이 익히고 사용하는 데 편리하게 하기 위해 직접 집현전 학사들과 '훈민정음' 을 만들어 널리 쓰게 하였습니다. 이처럼 우리 민족의 언어인 한글을 만든 세종 대왕은 누구보다도 더 많은 공부를 하여 얻은 지식과 슬기를 백성들을 위하는 데 썼습니다.

◉ 백성을 바르고 어질게 다스린 세종 대왕

　임금자리에 오른 지 12년이 되던 해의 어느 날, 세종 대왕은 신하들을 불러모아 놓고 이렇게 말했습니다.
　"옛적에 관가의 여종에게는 7일간의 출산 휴가를 주어 왔다. 그러나 이렇게 하면 어린아이와 어미에게 해로움이 매우 많기에, 내가 일찍이 100일간의 휴가를 더 주게 하였는데, 해산할 시기가 다 찰 때까지 일을 하다가 몸이 지쳐서 제 집에 이르기도 전에 아이

를 낳는 경우가 더러 있다고 들었다. 그러하니, 해산할 시기에 다가오면 그 이전으로 또 1개월 동안 휴가를 더 주어 복무를 면제해 주도록 하면 좋을 것이다."

그 뒤부터 관가 노비의 휴가가 더 늘어나 편안하게 출산할 수 있게 되었습니다.

당시에는 관가 소속 노비들은 일반 백성들과 달리 출산할 때도 시간을 자유롭게 쓸 수가 없었습니다. 그 때문에 힘든 일을 하며 아이를 낳는 고통까지 견뎌야 하므로 무척 고통스러웠습니다. 세종 대왕은 천한 신분의 노비에게까지 백성으로서 애정을 다 쏟았습니다.

또한 죄인을 다스릴 때도 사형에 해당하는 죄는 반드시 세 번의 심사로 세밀하게 조사하여 억울한 죽음이 없도록 하였고, 죄수의 등줄기를 매로 치는 것을 금하였으며, 주인이 노비를 제 맘대로 벌주고 때리지 못 하게 철저히 막았습니다.

한여름에는 죄수들이 있는 감옥에 냉수가 가득 담긴 커다란 동이를 마련하게 하여 더위를 먹지 않도록 배려해 주기기도 했습니다. 이는 모두 세종 대왕이 죄 있는 백성이나 죄 없는 백성을 가리지 않고 고루 사랑하는 자식처럼 여기는 마음에서 한 일입니다.

나이가 들어 기력이 쇠해진 세종은 조회는 보지 않았으나 학문에 관해서는 더욱 유의하여, 선비들에게 각 분야별로 연구를 담당하게 부서를 만들고 그 연구물들을 책으로 편찬케 하였습니다.

『고려사』·『치평요람』·『역대병요』·『언문』·『오례의』·『운서』 등이 그것인데, 하나같이 직접 훑어보거나 조사한 다음 출간을 결정했습니다.

세종 대왕은 1450년 2월 17일, 54세의 나이로 세상을 떠났습니다.

그 유해는 아버지 태종의 헌릉 서편 언덕에 모시고 묘의 이름을 영릉이라고 했습니다. 그러다가 18년이 지난 뒤(예종 원년, 1468년 3월 6일) 경기도 여주 서북편 성산으로 이장한 것이 오늘날의 영릉입니다.

『세종실록』에는 다음과 같은 기록이 있습니다.

"세종 대왕은 슬기롭고 도리에 밝으매, 마음이 밝고 뛰어나게 지혜롭고, 인자하고 효성이 지극하며, 용감하게 결단하였다. 세자로 있을 적부터 배우기를 즐겨 게으르지 않아, 손에서 책이 떠나지 않았다. 임금이 되어서도 날마다 4경(새벽 3시)이면 옷을 입고, 날이 밝으면 조회를 받은 다음 정사를 보고, 대신들을 차례로 만나 의논을 마치고는 경연에 나아가되 한 번도 게으른 적이 없었다. 집현전을 두어 글 잘하는 선비를 뽑아 고문으로 하고, 힘써 정신차려 다스리매 처음과 나중이 한결같아, 문(文), 무(武)의 정치가

빠짐없이 잘 되었고, 구족과는 도탑게 화목하였으며, 두 형에게 우애하니, 남들이 이간질하지 못하였다. 신하를 부리기를 예로써 하고, 간언이 올라오면 어기지 않았으며, 이웃 나라를 신의로써 대하였다. 인륜에 밝고 모든 사물에 자상하니, 남녘과 북녘이 복종하여 나라 안이 평안하여, 백성들의 삶을 즐긴 지 무릇 30여 년이었다. 거룩한 덕이 높고 높으매, 사람들이 어찌 이름하여야 할지 몰라, 당시에 '해동의 요순' 이라 불렀다."

태권어린이도 세종 대왕의 지혜롭고 어진 모습을 본받아, 배우고 생각하는 데 노력을 아끼지 않아야 합니다.

세종 대왕뿐만 아니라, 우리 선조들 중에는 참으로 훌륭한 분들이 많습니다. 그 분들은 하나같이 끊임없이 배우고 노력하는 삶을 살았습니다.

새로운 무기를 고안한 권 율 장군

권 율 장군은 1537년, 영의정 권 철의 아들로 강화도에서 태어나셨습니다. 장군은 어린 시절부터 학문에 뜻을 두었고 우리 국토의 여러 산천을 순례했습니다.

을지문덕, 이순신처럼 권 율 역시 장군으로 불리지만, 어린 시절부터 무예를 닦아 무인으로서의 삶을 산 무장이 아니라 문인으로 과거에 급제한 문관이었습니다. 그러나 임진왜란이 일어나자 이치 전투를 승리로 이끌고 전라도 관찰사가 되어 한양을 되찾는 전과를 올렸습니다.

⊙ 지혜로 왜적을 이긴 세마대

지금의 오산시에는 독산산성이란 곳이 있습니다.

이치 전투에서 승리한 장군은 한양을 되찾기 위해 수원을 향해 올라오다 독산산성에 진을 치고 주둔했습니다. 이 성은 물이 부족한 까닭에 장기간 싸움을 할 수 없는 곳으로 알려져 있었습니다.

"저런, 멍청이들! 제 목에 스스로 칼을 들이대는구나! 머잖아 물이 떨어질 텐데, 그땐 오줌을 받아먹고 살려나?"

산성을 포위한 왜병들은 좋아라, 손뼉을 쳤습니다.

그러고는 성 안에 물이 떨어지면 이내 함락시킬 수 있을 것이라 생각하고 장기전을 펼쳤습니다.

되레 그 점을 노린 권 율 장군은 병사들에게 일렀습니다.

"자, 왜병들이 바로 건너다 보이는 저 산 위에다 모든 말들을 끌어다 놓아라. 그러고는 흰쌀로 말을 씻기는 시늉을 하기만 하면 우리는 승리하게 된다."

"……?"

장군의 명령을 들은 군사들은 무슨 영문인지 전혀 알 수 없었습니다.

"그처럼 눈을 똥그랗게 뜬 채 서 있지 말고 어서 가서 말을 씻겨라. 그러면 내가 왜 이와 같은 일을 시켰는지 알게 될 것이다."

산 위에서 말을 씻기는 모습을 본 왜병들은 깜짝 놀랐습니다.

"아니, 성 안에 물이 부족하다는데 말을 씻기는 것을 보면 우리가 얻은 정보가 잘못된 모양이다. ……안 되겠다. 병사들에게 철수 준비를 시키도록 하라."

권 율 장군은 적군의 허점을 이용해 싸움에서 이길 수 있었던 것입니다.

◉ 무기로 사용한 돌멩이와 재

독산산성에서 일본군을 무찌른 권 율 장군은 행주산성으로 진지를 옮겼습니다. 그곳에서는 권 율 부대 외에도 승려, 의병, 아녀자 들까지 모두 나서서 왜군과 맞섰습니다.

이들은 활·칼·창·화차 등 특수 무기를 만드는 한편, 조총에 대비하여 흙담을 쌓고 아궁이의 재를 담은 주머니를 허리에 찬 채 왜병의 침공에 대비하고 있었습니다.

마침내, 평양 싸움에서 크게 지고 재정비한 왜병들이 행주산성을 포위하고 공격해 왔습니다. 권 율 장군은 병사들에게 직접 물을 떠다 주면서 사기를 북돋웠습니다.

화살이 다 떨어지자, 병사들은 차고 있던 재를 뿌리고 돌을 던지며 싸웠습니다. 이때 아녀자들은 긴치마를 짧게 자른 천을 허리에 두른 다음 거기에 돌을 잔뜩 담아 성곽 망루 아래까지 가져다 주어 군사들을 도왔습니다. 돌팔매를 견디지 못한 왜병이 물러감으로써 승리한 이 싸움이 바로 '행주대첩' 입니다. '행주치마' 라는 말이 바로 이 싸움에서 비롯되었다고 합니다.

왜병에 비해 병사 수가 턱없이 부족했지만 권 율 장군은 지혜로써 물리치는 전공을 세운 것입니다. 그 중 하나가 바람의 방향을 이용하여 아궁이의 재를 날려 왜병들의 눈에 재가 들어가 눈을 못 뜨게 하는 것이었습니다. 어느 집이나 아궁이에 많이 쌓여 있는 재를 가져다 요긴한 무기로 사용한 것입니다.

쓸모가 없다고 여기기 쉬운 재를 무기로 사용하는 지혜는 전쟁의 어려움에 빠져 있던 백성들에게 큰 도움이 되었습니다.

생각해 보기

🗂 행주산성은 어디에 있나요?

🗂 행주산성은 누구와 관련된 곳인가요?

🗂 행주산성에서는 무슨 일이 있었나요?

🗂 행주산성이라고 부르게 된 이유는 무엇인가요?

나의 기행문

여행한 곳 :
여행한 날 :　　　년　　　월　　　일
그곳에 가는 길 :

여행한 날의 날씨는 어땠으며, 무엇을 타고 갔나요?

찾아간 곳은 어떤 장소이며, 누구와 관련된 곳인가요?

찾아간 곳에 있는 유적이나 유물들은 무엇인가요?

새롭게 알게 된 사실은 무엇인가요?

여행지에서 느낀 점은 무엇인가요?

▶ 휴일을 이용하여 여행 다녀 온 곳에 대해 써 보세요.

부록 1

부모님께 편지쓰기

보내는 사람

☐☐☐－☐☐☐

우표

받는 사람

☐☐☐－☐☐☐

부록 2

나의 마음 자세

부록 3

공부할 계획표

올해의 계획

해야 할 일

하고 싶은 일

이 달의 계획

해야 할 일

하고 싶은 일

이번 주의 계획

해야 할 일

하고 싶은 일

하루의 계획

아침에 해야 할 일

해야 할 일

하고 싶은 일

낮에 해야 할 일

해야 할 일

하고 싶은 일

저녁에 해야 할 일

해야 할 일

하고 싶은 일

부록 4

우리 집 가계

우리 집 가훈			
우리 성씨의 유래			
본관의 연원			
우리 가문의 유적지			
우리 가문을 빛낸 선조들	성명	시대	업적

나의 본관	
나의 시조	
파	

외가의 본관	
외가의 시조	
파	

감 수: 이재수

고려대학교 교육학석사(스포츠 심리학)
고려대학교 이학박사(운동역학)
태권도 공인 7단
국내 심판 및 국제 심판
경기 2급 지도자
전) 대한태권도협회 품새경기위원장
현) 고려대 연구교수
현) 고려대 태권도 최고위과정 지도교수

주요 저서
박사 논문: 유소년 태권도 수련 정도에 따른 각 속도별 근기능과 신체 구성 및 골밀도 수준에 관한 비교 연구
태권도 CEO와 인격 교육(공저) (서현사, 2006)
태권도 기초 해부학(공저) (금광, 2004)
태권도의 과학적 지도론(공저) (21세기 교육사, 2005) 외 다수

엮은이: 고려대학교 태권도 최고위과정 연구위원
　　　　　서현사 편집부

태권어린이 (智) 인성 기르기

2008년 4월 20일 1판 1쇄 인쇄
2008년 4월 25일 1판 1쇄 발행

감　수　이재수(고려대학교 이학박사,
　　　　　　　고려대학교 스포츠과학연구소 연구교수)
엮은이　고려대학교 태권도 최고위과정 연구위원, 서현사 편집부
펴낸이　조재성
그　림　이미숙

펴낸곳　서현사
　　　　(410-828) 경기도 고양시 일산동구 정발산동 1238-9 103호
　　　　전화 031-919-6643　팩스 031-912-6643
등　록　2002년 8월 14일 제03-01392호

ISBN　978-89-90357-91-5　73680
정　가　5,000원

잘못 만들어진 책은 바꾸어 드립니다
저자와의 협약에 따라 인지를 생략합니다